MOSAICO ITALIANO
Racconti per stranieri

6

serie *Storie di Ma*

Roberta Andres

Due estati
a Siena

LIVELLO 3/4

**BONACCI
EDITORE**

Foto in copertina di Valerio Varrone

Printed in Italy

Bonacci editore srl
Via Paolo Mercuri, 8
00193 ROMA (Italia)
tel:(0039)06.68.30.00.04
fax:(0039)06.68.80.63.82
e-mail: info@bonacci.it
http://www.bonacci.it

L'INCONTRO
1

Margherita ha i fianchi tondi e salendo su per la salita di via del Comune li dondola in un senso e nell'altro. Questa sera indossa una gonna lunga fino al ginocchio, ma nel piegare le gambe in salita la gonna le sale un po'.

L'uomo ha appena girato l'angolo da Porta Ovile[1], mentre lei esce da uno dei portoni in basso nella strada, così salgono a poca distanza l'uno dall'altra e lui non può fare a meno di guardarla salire.

È una sera molto calda, sono già finiti da un pezzo[2] nella strada i rumori della cena nelle case, addirittura si sono già spenti molti televisori, solo qualcuno resta in piedi a quest'ora, anche se molte finestre sono rimaste aperte per fare entrare un po' d'aria nelle stanze.

È per questo che l'uomo non affretta il passo per raggiungere Margherita: potrebbe attaccare discorso[3], con la scusa di chiedere un'informazione, o farle un complimento passandole vicino, ma ha paura che dalle case del primo piano tutti lo sentano.

Così continua a salire, sale e la guarda camminare, non riesce a levare lo sguardo da quelle gambe così abbronzate[4] – sembra tornata adesso dal mare, ma il mare è lontano decine di chilometri –, da quei fianchi così stretti nella gonna, che dondolano ritmici[5], e intanto pensa: «Cosa potrei dirle? – e diventa rosso soltanto a pensarci – così bella, una così bella ragazza! e io che potrei dirle...» riflette scoraggiato.

Però Margherita si è fermata, la strada è troppo ripida, le viene l'affanno[6], lui dovrebbe tirare dritto[7] e oltrepassarla come chi cammina per conto suo[8], ma poi sicuramente la perderebbe di vista: perciò si ferma, spera che lei non lo abbia sentito, si piega a riallacciarsi[9] una scarpa perfettamente allacciata e non la guarda neanche in faccia.

---

[1] è una delle otto porte di Siena.
[2] da molto tempo (colloquiale).
[3] cominciare a parlare.
[4] dalla pelle scura per l'esposizione al sole.
[5] si muovono in modo regolare.
[6] respiro frequente per lo sforzo.
[7] continuare a camminare.
[8] da solo.
[9] rifare il nodo ai lacci.

Mentre pensa però che avrebbe potuto vedere anche il suo viso e che forse, magari!, la delusione avrebbe potuto fargli passare il desiderio di conoscerla, Margherita si rimette a camminare e con uno scatto imprevisto svolta l'angolo e arriva ai Ferri di S. Francesco[10].

L'uomo arranca[11], ha paura di non riuscire a starle dietro[12], perciò corre per girare l'angolo e raggiunge con gli occhi le gambe snelle in tensione[13], che riprendono un ritmo regolare man mano che Via dei Rossi torna pianeggiante, nel tratto finale. La gonna è rossa, come i sandali che Margherita ha al piede; l'uomo osserva e continua a pensare:

«Potrei dirle: come è elegante signorina!, ma forse è un'espressione d'altri tempi; sarebbe meglio essere più chiari, farle un complimento più sfacciato».

Mentre lei gira a destra lui ormai si è deciso: nella strada, andando verso piazza Salimbeni, ci sono sempre meno persone in giro, perciò basta con questa timidezza! Le si avvicinerà, la fermerà prendendola per un braccio e con calma ma sicuro le chiederà dove va e se ha voglia di passare il resto della serata in compagnia. E siccome ormai è quasi notte, si andrà a bere qualcosa in un locale... una cosa tira l'altra[14], chissà!

Lei però si è fermata, sta guardando le vetrine della libreria; oltre ai fianchi tondi e alle gambe abbronzate ha anche un bel profilo, i capelli lunghi – ma lui non aveva ancora guardato più su della vita[15] – e quindi sì, vale la pena di rischiare, poi che male c'è, non vuole mica aggredirla, solo farle una precisa domanda, a cui lei può anche rispondere di no.

Margherita ricomincia a camminare e i fianchi ondeggiano anche in pianura, lui se ne accorge ed è sempre più ipnotizzato[16] dal dondolio, comincia a sudare, ma forse è questo gran caldo della notte estiva, o che lei cammina più in fretta man mano che gira a sinistra verso Piazza della Posta – forse ha paura – la piazza è deserta e quasi buia e lui fa

---

[10] il parapetto di ferro nei pressi della chiesa di S. Francesco.
[11] cammina con difficoltà.
[12] seguirla da vicino.
[13] con i muscoli contratti per la salita.
[14] un fatto ne causa un altro.
[15] la zona del corpo appena sopra i fianchi.
[16] incantato, affascinato.

fatica a starle dietro, anzi vorrebbe avvicinarsi, ma le mani gli tremano e gli sudano, perché pensa che con una così bella è inutile provarci[17]: «Forse va a un appuntamento, dove può andare una così bella ed elegante a quest'ora della notte, sicuro ad un appuntamento con un uomo; figuriamoci se mi ascolta» pensa, mentre lei scende verso San Domenico e lui dietro, che non riesce a fermarsi e suda e si agita dentro e immagina contemporaneamente inizi di discorso, approcci[18] gentili e gesti violenti, ma lei gira a destra sul viale e col telecomando apre la prima macchina parcheggiata, sbattendogli lo sportello quasi in faccia e chiudendo subito la sicura[19].

2

A volte si fanno delle cose insensate: all'improvviso all'uomo sembra importantissimo riuscire a parlarle, questione di vita o di morte; lo scatto della sicura è come un colpo dritto alla testa che lo fa sussultare[20].

Così senza neanche pensarci, come per istinto, fa un balzo in avanti e si butta sulla macchina, dal lato verso cui Margherita ha sterzato[21].

Lei istintivamente frena, la macchina rimbalza, mentre lui resta semidisteso, con il viso verso il vetro, e la guarda.

Cerca di tranquillizzarla sorridendo, ma si sente in imbarazzo per quello scatto goffo, per la posizione in cui è rimasto. Un pensiero improvviso, il primo finalmente razionale da quando l'ha vista, lo getta nel panico[22]: come farà a giustificarsi per il suo comportamento, cosa inventerà? Chiunque al posto di Margherita si metterebbe a gridare, chiamerebbe gente, tutt'al più scapperebbe rimettendo in moto la macchina. Chi sarebbe così matta da scendere e starlo a sentire, in quel posto buio e deserto?

---

[17] tentare un contatto (colloquiale).
[18] contatti.
[19] congegno che blocca l'apertura dello sportello.
[20] trasalire, fare un movimento brusco.
[21] ha girato il volante dell'automobile.
[22] gli provoca grande paura.

E invece lei dev'essere proprio matta, perché anche se non scende abbassa il finestrino e comincia a gridare, ma di rabbia:

– Ma lei è impazzito? Se si vuole ammazzare, vada a farlo da un'altra parte! –.

L'uomo la guarda, non sa cosa dire, pensa solo che la ragazza sembra un tipo deciso[23] e che gli piace anche il suo viso, che fino a quel momento non aveva visto bene. E siccome resta in silenzio a guardarla, lei comincia a preoccuparsi e scende dalla macchina:

– Si è fatto male? Non credo di averla toccata, non ero ancora partita, stavo solo sterzando per partire... ma sta bene? Per favore, dica qualcosa... –.

– No, non mi sono fatto niente... stia tranquilla. È soltanto lo spavento. Aspetti un momento –.

In un attimo pensa che lei non abbia capito che era lui che la seguiva, forse il buio della strada l'ha aiutato:

«Se prendo tempo[24] – pensa – forse riesco a fare conoscenza».

– Aspetti solo un attimo, che riprendo fiato – aggiunge.

– Certo, aspetto... Si vuol sedere in macchina? O vuole che l'accompagni a casa? –.

– Vorrei bere qualcosa: ho la bocca tutta secca per la paura – dice, per la prima volta in vita sua comportandosi da furbo – le dispiace se cerchiamo un bar? Bevo solo un bicchiere d'acqua minerale... –.

Margherita è indecisa:

– Veramente è un po' tardi: ho sette chilometri di strada da fare... –.

Lui la guarda deluso, fa il gesto di appoggiarsi alla macchina.

– Va bene – conclude lei – ma facciamo presto: non so se troviamo un bar ancora aperto –.

Tornano indietro verso il centro, passando davanti alla chiesa; lui cammina lentamente, mostrandosi ancora sottosopra per lo spavento, lei ha lo stesso passo elastico di prima, ma ogni tanto rallenta per non lasciarlo indietro; lui quasi quasi vorrebbe ricominciare solo a guardarla camminare, questa conversazione lo imbarazza, gli dispiace giocarsi questa prima e ultima carta[25], rischiare la solita sconfitta. Comunque

---

[23] persona che sa quel che vuole.
[24] se prolungo la conversazione.
[25] fare l'ultimo tentativo di conoscerla.

ormai è in ballo[26] e anche se fra sé e sé pensa di essere un cretino, deve far finta di essere stato investito ed entrare con lei nella pasticceria all'angolo della piazza; stanno chiudendo, ma lo servono lo stesso.

– Le posso offrire qualcosa? – le dice.

– No, grazie… a quest'ora! –

Lui insiste, ma lei non ne vuole sapere[27]: anzi guarda l'orologio e gli chiede se si sente meglio.

– Benissimo adesso, grazie… –

Lei si muove verso la porta del locale e qualcosa finalmente in lui si sblocca:

– La riaccompagno alla macchina: a quest'ora è pericoloso andare in giro da sola –.

– Grazie, sì, mi fa un piacere: si figuri che prima mi stavano seguendo –.

Tornano indietro: solo pochi minuti, due o tre al massimo, per provare l'ultima volta:

– Lei è stata così gentile, mi ha accompagnato al bar, ma non ha voluto accettare niente: perché non ci vediamo domani sera? La invito a cena, così ci conosciamo e mi sdebito[28] dello spavento che le ho fatto prendere[29]: a pensarci è stata tutta colpa mia –.

Margherita è un po' perplessa:

– Veramente non so neanche il suo nome: poi non so se sono libera –.

– Se non lo sa vuol dire che non ha impegni: guardi, non facciamo tardi, ci vediamo in ristorante e poi ci salutiamo subito dopo cena, fuori dal locale –.

Margherita scoppia a ridere, si sente sfidata:

– Non è perché ho paura: comunque, visto che la mette su questo piano[30], accetto –.

Rientrando in macchina si presenta, e aggiunge il nome di un ristorante e l'ora.

«È proprio un tipo deciso», pensa lui.

---

[26] si trova in questa situazione.
[27] rifiuta decisamente.
[28] libero dall'obbligo.
[29] la paura che le ho causato (colloquiale).
[30] considera il fatto da questo punto di vista.

7

3

Il ristorante è in via del Porrione, dove l'uomo è arrivato da dieci minuti e sta aspettando all'ingresso Margherita, che non arriva.

«Non verrà, sono sicuro» pensa, senza considerare che è arrivato in anticipo e che mancano ancora cinque minuti all'ora fissata. È confuso, quasi quasi si augura che lei non venga, invece lei gira l'angolo e gli va incontro nella strada, con lo stesso passo dondolante della sera prima. Stasera porta i pantaloni, che sono blu con una fascia colorata in vita, sopra indossa una camicia bianca: lui nota tutto con la velocità di un computer e si sente ancora più confuso.

Entrano, scendono le scale, si siedono a un tavolo e comincia la parte più difficile: parlare, raccontare di sé, fare conversazione cercando di essere brillante[31]. Giocarsi l'ultima possibilità che quasi sicuramente gli farà perdere questa occasione così speciale.

– Di solito non vado a cena con persone appena conosciute – sorride Margherita con espressione maliziosa – ma sono in vacanza, così non rispetto le regole –.

Lui le risponde, grato che abbia rotto il ghiaccio[32]:

– Allora non è di Siena? –.

– No... non lo sente dall'accento? Non ci siamo neanche mai visti... –.

– Siena non è così piccola, non capita di conoscere tutti...–

– Non si sarà mica offeso? Questa città mi piace tantissimo, non volevo parlarne male... è solo che io abito in un posto che ha il triplo degli abitanti – e comincia a raccontargli della sua città, descrivendo il mare, la spiaggia, la folla dei turisti d'estate, la voglia di scappare che viene a chi ci vive anche d'inverno.

Intanto lui la guarda, risponde con frasi adatte a mandare avanti questa conversazione così convenzionale[33] e comincia a vergognarsi per quello che ha pensato la sera prima, per averla spaventata seguendola.

– Chi è che la seguiva ieri sera? –.

---

[31] disinvolto e vivace.
[32] superato l'imbarazzo.
[33] priva di originalità, formale.

Lei è un po' stupita perché lui è saltato di palo in frasca[34], ma risponde:

- Non lo so… un uomo, non l'ho visto bene, mi ha seguito per un pezzo, poi ha cercato di raggiungermi: è per questo che sono entrata in macchina e sono partita così all'improvviso; non ho visto che lei passava e a momenti la mettevo sotto… mi sono spaventata molto anche perché la macchina è di una mia amica… insomma, per colpa di un cretino ci andava di mezzo[35] lei… - spiega, sinceramente dispiaciuta.

Lui voleva la conferma: non riesce a credere che lei non abbia capito che era lui che la seguiva, forse è a causa del buio e dell'agitazione, ma sicuramente per lui è un colpo di fortuna, di quelli che non gli sono mai capitati nella vita:

«Non posso lasciarmi sfuggire un'occasione simile!» pensa contento.

La conversazione continua tranquilla, è evidente che lei si diverte a raccontare, ride, mangia e parla. Lui è sempre più indifeso, si sente come se fosse legato allo schienale della sedia, inutile pensare di tornare a casa e non pensarci più: è costretto a innamorarsi.

La serata finisce sulla porta del locale, mentre lui le chiede imbambolato[36]:

- Ci vediamo domani? -

e lei risponde allegramente:

- Ci incontreremo di sicuro… a Siena si vedono sempre le stesse facce -.

4

Margherita ha avuto ragione: si sono incontrati quattro volte in pochi giorni, nel Campo[37], in via Banchi di Sotto, ancora in Via del Comune. Di ogni volta lui ricorda perfettamente il luogo, l'ora, com'era vestita, cosa si sono detti.

---

[34] ha cambiato argomento all'improvviso.
[35] ne faceva le spese (colloquiale).
[36] senza espressione.
[37] la famosissima piazza di Siena, dove si svolge il Palio.

Hanno persino mangiato un gelato insieme, e tutto sempre per caso, anche se, a dire il vero, lui ha cercato di stare in strada in tutte le ore in cui non è al lavoro, nei luoghi più affollati; di solito, invece, passa sempre il tempo libero a casa.

Adesso, anche quando è in ufficio, è come se non ci fosse: quando è solo nella stanza ha lo sguardo fisso nel vuoto, pensa, ricorda, sogna; se entra qualcuno comincia a guardare un foglio dei tanti che gli si vanno ammucchiando sulla scrivania.

Vorrebbe lavorare, con tutte le sue forze, ma proprio non è possibile, perché è come se non sapesse più concentrarsi: lo sguardo gli ritorna sullo stesso rigo, la mano destra prende la penna ma poi si mette a fare strani disegnini, proprio non si riconosce più! E non lo riconoscono neanche i colleghi, perché ogni tanto scoppia in strane risate euforiche[38], completamente senza motivo: sembra che lo divertano moltissimo situazioni del tutto normali; altre volte entra in ufficio con la faccia scura[39] e non parla per tutto il giorno.

Non è che a casa vada meglio: sarà per il gran caldo di questa estate, ma non riesce più a dormire, la notte gira per la casa, mangia, beve, fuma, all'alba è completamente pesto[40].

L'unica cosa che continua a interessarlo è un gioco al computer, che ripete ossessivamente per ore, perché è talmente meccanico che può farlo continuando a pensare ad altro, anzi, a sognare e a rivedere immagini che hanno sempre Margherita al centro della scena.

Si chiede sempre più spesso se sia l'inizio della follia.

Non riesce neanche più a leggere i suoi amati romanzi: e pensare che gli è sempre piaciuto così tanto rifugiarsi in quel mondo immaginario... ora neanche questo!

Vuole solo rivederla, incontrarla per la strada, parlarle, collezionare conversazioni da ripetere a se stesso, incontri da rivivere, colori di suoi vestiti da ricordare.

---

[38] esageratamente allegre.
[39] triste e contrariata.
[40] indolenzito per la stanchezza.

- Parto alla fine della settimana, torno a casa -.

La frase di Margherita gli rimbomba[41] in testa come il suono della chiusura della macchina, la prima sera che l'ha vista. Lei l'ha detta con un tono un po' malinconico, adatto a questo tramonto a San Galgano[42], dove lui, grazie alla fortuna che gli ha permesso di incontrarla e proporle di fare una gita, l'ha portata, chiedendo all'improvviso (dopo anni che non succedeva) un pomeriggio di permesso dal lavoro.

A Margherita l'abbazia è piaciuta moltissimo e hanno deciso di restare dopo il tramonto per sentire il concerto in programma per la sera senza pagare il biglietto, seduti sul prato esterno.

Lui non dice niente, si sente solo battere le tempie[43], e lei ripete la frase, aggiungendo:

- Sabato mattina, così sarò a casa a metà pomeriggio -.

- Non è possibile! -.

- Perché no? - dice lei con un sorriso, quasi divertita.

- Perché non puoi partire proprio adesso, Margherita, ci stiamo conoscendo, stiamo uscendo, stiamo bene insieme... -.

- Sì, lo so, ma non vuol dire niente, io devo tornare a casa, al lavoro, le mie vacanze sono finite... -.

- Devi restare, assolutamente, guarda, non te ne puoi andare adesso, magari fino a qualche giorno fa, ma adesso... -.

Lei comincia a infastidirsi, mentre risponde:

- Non la fare tanto tragica[44], possiamo sentirci per telefono, poi magari tornerò un altr'anno -.

- No, tu forse non hai capito: Margherita, io non voglio che tu vai via! -.

- Ma chi diavolo sei per dire: io non voglio? Come ti permetti? - grida lei, ormai sinceramente arrabbiata.

- Io mi permetto, anzi, adesso lo trovo io il modo per non farti partire: ti sposo! -.

---

[41] risuona in modo cupo e triste.
[42] chiesa in stile gotico (1227) ad alcuni chilometri da Siena, caratteristica per la mancanza del tetto, spesso utilizzata per concerti e manifestazioni.
[43] sente le pulsazioni del cuore che accelera per l'emozione.
[44] non essere così pessimista (colloquiale).

Lei spalanca gli occhi, prova a dire qualcosa che non si capisce, anche perché lui adesso parla ad alta voce:

– Sì, sì, ti sposo, perché non c'ho pensato prima? È la soluzione a tutto: non parti più, stai sempre con me, ti faccio conoscere la Toscana, ti faccio vedere il Palio[45], vedrai che ti piacerà vivere qui, poi, se proprio non vuoi starci, possiamo andare a vivere nella tua città, chiedo un trasferimento, tutto si può fare…–

Margherita l'ascolta senza parlare più: ha l'espressione sconvolta, come se improvvisamente l'avessero presa e trasportata in un altro secolo; questa situazione le sembra veramente folle. Se non avesse paura delle reazioni di lui, se non stesse seriamente temendo di trovarsi davanti ad un pazzo, le verrebbe quasi da ridere.

Fa uno sforzo per calmarsi e comincia a parlare con pazienza, come ad un bambino:

– Quello che stai dicendo non è possibile per tanti motivi –.

– Dimmeli! – risponde lui, che di colpo si è apparentemente calmato, ha abbassato la voce, ma ha uno sguardo ostinato e cupo[46] che a lei non piace per niente.

– Intanto perché non ci conosciamo quasi –.

– Non è tanto importante conoscersi, basta sentire che si sta bene insieme.

– Forse è così per te, non per me, e poi che ne sai che con te ci sto bene?

– Si vede, lo vedrebbe chiunque –.

– Sì, è vero, – è costretta ad ammettere – ma non è la stessa cosa passare bene insieme una serata in ristorante o una gita in campagna, e vivere giorno e notte sotto lo stesso tetto per anni. Oltretutto io ho una mia vita altrove: un lavoro, una famiglia, una casa, che non voglio lasciare –.

– Questo è un ostacolo superabile – fa lui – te l'ho già detto. I lavori si cambiano, le case si vendono e si comprano, poi io sono disposto a lasciare Siena, a venire a vivere da te –.

---

[45] corsa di cavalli di origine medievale, che si tiene due volte l'anno a Siena, a cui partecipano le diverse contrade cittadine.
[46] testardo e triste.

A questo punto lei sta per perdere la calma, ma fa uno sforzo e si controlla, prima di dargli l'ultima stoccata[47]:

– Per finire, io sono già sposata! –

Lui incassa il colpo[48] restando in silenzio per qualche secondo, ma poi, con la stessa ostinazione, che la preoccupa sempre più, dice:

– Puoi divorziare! –

– Tu sei pazzo! – esplode Margherita – Sei completamente pazzo! Ma ti interessa il mio parere in questa storia, o pensi di comprarmi e portarmi a casa come un'automobile? Ti sei chiesto se io voglio divorziare, se io voglio riceverti a casa mia, se io voglio vivere con te? Ti sei chiesto se provo per te quello che ti sei messo in testa di provare per me? Se non fossi così arrabbiata mi metterei a ridere per quanto sei ridicolo! –

6

È passata qualche ora, è tramontato il sole, è iniziato il concerto, Margherita e l'uomo sono seduti sul prato in silenzio, e ognuno dei due in silenzio cerca di mandar via il nervosismo che prova.

Lei si è calmata quasi completamente, ha sbollito la rabbia[49], si è resa conto di essersi comportata con cattiveria e si pente pensando al fatto che almeno, mentre rifiutava tutte le assurde proposte di lui, avrebbe potuto essere gentile: in fondo ha ricevuto un'offerta di matrimonio, non un'offesa.

Lui, intanto, cerca di farsi passare l'angoscia che prova per la reazione di lei, ma soprattutto per la scoperta di tutte quelle cose che Margherita non aveva raccontato nel corso dei giorni passati, permettendogli di fare tanti castelli in aria[50]; sa bene di essere impacciato, ingenuo, semplice, ma non vuole più comportarsi in modo da perdere per sempre la stima e la simpatia che è riuscito a guadagnarsi.

C'è la luna, l'abbazia è illuminata dall'interno e si sente l'orchestra che suona: lui pensa che sarebbe stato molto più romantico usare que-

---

[47] colpo.
[48] subisce con calma.
[49] è tornata ad essere tranquilla.
[50] progetti irrealizzabili.

sto paesaggio per la nascita di un amore destinato a durare, ma visto che non è possibile si può almeno mantenere la propria dignità e ricordarsi di essere adulti.

Questo stesso silenzio continua fino alla fine della serata, mentre tornano a casa in macchina verso Siena: lei si sente sempre più triste e pentita, lui sempre più rassegnato e tranquillo.

Arrivati davanti alla casa di lei, Margherita gli fa una domanda che lui proprio non si aspetta:

– Ci vediamo domani? –

– Sei sicura? – risponde meravigliato.

Lei è molto imbarazzata, mentre continua:

– Senti, restano quattro giorni alla mia partenza, possiamo continuare a vederci, parlare, andare in giro... puoi continuare a farmi vedere la Toscana... Se poi pensi che per te sia meglio non vedermi più, allora evitiamo, però lo dicevo per farti capire che mi fa piacere vederti, almeno fino a quando è possibile – e siccome lui è indeciso, conclude – va bene, questo è il mio numero di telefono: pensaci e se vuoi chiamami... però ricordati: parto sabato mattina – ed esce dalla macchina in fretta e furia[51], pensando di aver fatto una sciocchezza.

7

Margherita sta partendo: è sabato mattina e le vacanze sono proprio finite.

Si è seduta nella corriera, dopo aver salutato il suo amico e averlo pregato di andar via, prima che la vettura parta: se c'è una cosa che non sopporta, è vedere le facce di chi resta in piedi sul marciapiede o vicino ai binari del treno, a seguire con lo sguardo chi parte: non può fare a meno di commuoversi, di sentire uno strappo al cuore[52], anche se magari chi la saluta è quasi uno sconosciuto.

Soltanto che non è bello neanche partire così, senza nessuno che ti accompagna con gli occhi, come se te ne andassi da un posto dove nessuno ti vuole bene, dove è inutile che torni, dove insomma non

---

[51] velocemente e con nervosismo.
[52] metaforicamente: sentimento di dolore.

14

lasci nessuno. Perciò si commuove lo stesso e sente lo stesso un piccolo strappo, mentre la corriera segue le strade di Siena ed esce dalle mura in direzione Roma.

Per pensare ad altro apre la borsa, leva la carta ad un pacchetto che lui le ha dato salutandola, e scopre nuovamente che quell'uomo è proprio d'altri tempi: c'è una scatola di cartone con una rosa rossa dipinta sul coperchio, che contiene dei Ricciarelli[53] ricoperti di cioccolato.

Mentre sorride per la banalità[54], Margherita comincia a mangiare i dolci, che comunque le piacciono molto.

Guarda fuori, perché fino all'autostrada vale la pena di guardare il panorama, mentre ripensa agli ultimi giorni di questa vacanza così strana, che non saprebbe neanche dire se è stata bella o brutta; forse solo un po' troppo complicata per riposarsi, almeno nell'ultima parte, dalla sera a San Galgano in poi.

Ricorda lo squillo del telefono la mattina dopo quella serata; sente la voce di quell'uomo che, facendo finta di niente, la invita ad andare a Montalcino[55], mentre lei si chiede se sia in ferie anche lui, se sia il caso di andare o non andare, ma non vuole assolutamente che lui la giudichi una di quelle donne che scappano davanti alle situazioni difficili; rivede le strade e la Fortezza di quel posto così bello e pensa che, se non fosse stato per lui, sarebbe ripartita senza andarci; si ricorda di avere la valigia piena di miele e spera che non si rompano i barattoli, che ha messo tra i vestiti.

Poi la gita in Chianti[56], il vino che ha bevuto, e tutto quel ridere senza motivo, che finalmente ha cancellato l'imbarazzo e il ricordo sgradevole di due sere prima. L'unico imbarazzo che ricorda, negli ultimi giorni, l'ha provato da sola con se stessa, per aver mentito[57] al telefono a suo marito, a cui non ha avuto il coraggio di dire che sta per uscire da sola con un uomo conosciuto da neanche dieci giorni, che è anche innamorato di lei.

---

[53] dolci tipici senesi, fatti con pasta di mandorla.
[54] mancanza di originalità.
[55] piccolo centro del Senese, caratterizzato da un'antica Fortezza e da una serie di prodotti tipici, quali il vino e il miele.
[56] la regione a nord di Siena, famosa per i vigneti che producono il vino che porta lo stesso nome.
[57] detto una bugia.

Ieri sera - pensa ancora Margherita - ieri sera erano tristi sia lui che lei; senza avere il coraggio di ammetterlo, specialmente lei che non avrebbe motivo di provare un sentimento del genere, se ne sono andati a zonzo[58] fino alle tre di notte, lei pensando di dormire in viaggio il giorno dopo, lui pensando che è in ferie e che poi, dopotutto, di dormire non gli importa nulla.

Forse dovevano salutarsi ieri sera, pensa Margherita, ma lui le ha chiesto di vederla un giorno di più, e lei non se l'è sentita[59] di negargli questo piccolo regalo, anche perché ci stava pensando già da sola, senza avere il coraggio di chiederglielo.

Lei continua a pensare mentre l'autostrada si avvicina: pensa che forse ha sbagliato, che sarebbe stato più serio «levare l'occasione»[60] come la mamma le ha sempre detto che le donne sposate devono fare, poi anche per il bene di quell'uomo non ci si doveva più vedere, così tutto sarebbe stato dimenticato in poco tempo.

Invece lei stupidamente gli ha dato il numero di telefono dell'ufficio - non di casa, per carità! - perché non c'è niente di male a sentirsi ogni tanto e perché fa piacere anche a lei, in verità, ma adesso a pensarci le sembra di aver sbagliato, serve solo a dargli delle illusioni, a farlo restare legato ad un pensiero, ad un sogno, insomma a fargli del male, mentre lei - bella egoista! - torna a casa sua, da suo marito e lui, invece, resta solo.

Poi come si farà a giudicare veramente chi è solo, - pensa Margherita - basterà un matrimonio a metterti al riparo[61] dalla solitudine? E dai pensieri strani, basterà? E dalle storie senza né capo né coda[62], che non hanno senso di continuare, che veramente non avevano senso neanche di cominciare... a tutte queste domande che non si era mai fatta la risposta non ha il tempo di darsela, non adesso, forse gliela darà il ritorno a casa, forse gliela darà tornare a Siena l'anno prossimo, come ha promesso.

---

[58] in giro senza meta.
[59] ha avuto il coraggio (colloquiale).
[60] evitare una situazione ambigua e pericolosa.
[61] difenderti.
[62] sconclusionate, senza senso.

LA RISPOSTA

1

Margherita scende dalla corriera a Porta Ovile: quest'anno ha deciso di stare in città e ha accettato l'ospitalità di una amica che abita in via del Comune.

Sulla corriera era fresco per l'aria condizionata[1], mentre l'aria del tardo pomeriggio senese che l'accoglie è caldissima.

Si ferma un po' sul marciapiede e si guarda intorno: rivede l'edicola, l'insegna della pasticceria, la porta della città e San Francesco più in alto; è contenta di essere tornata, adesso.

Ha passato tutti i mesi invernali a discutere con se stessa, passando da rarissimi momenti in cui desiderava rincontrare quell'uomo e avere il tempo di stare con lui, ricominciando quella storia da dove l'avevano interrotta, a periodi in cui è stata molto contenta di non aver fatto niente di cui doversi pentire[2] e convincendosi che non è il caso di mettersi nuovamente alla prova, tanto più che prima le telefonate, poi le lettere ricevute e conservate in ufficio, piano piano le hanno fatto nascere dentro la nostalgia[3] di rivederlo e la consapevolezza di avere a che fare con una persona molto più interessante di quello che appare esteriormente[4], soprattutto perché quella timidezza che a volte lo fa sembrare rigido, antiquato[5] o addirittura un po' stupido, quando scrive scompare.

Alla fine, nella decisione di tornare a Siena, sono state importanti due cose: pensare che questo conflitto interiore[6] di mesi dimostrava soltanto che si era messa stupidamente sulle difensive, come se avesse la coda di paglia[7]; il fatto che durante il mese di maggio il marito le aveva detto che non avrebbe potuto prendere ferie in estate e che lei sarebbe stata libera di partire da sola come l'anno prima, perché non era giusto che si sacrificasse per lui.

---

[1] fresca per la presenza di apposite apparecchiature.
[2] sentirsi in colpa.
[3] desiderio forte.
[4] dal di fuori.
[5] poco disinvolto e fuori moda.
[6] contrasto di sentimenti opposti.
[7] sentendosi in colpa teme di essere scoperta.

Così Margherita si è sforzata di decidere con freddezza razionale[8]: Siena le è piaciuta, vuole visitare altri luoghi della Toscana che non ha avuto il tempo di vedere l'anno precedente, ha ricevuto l'invito della sua amica d'infanzia, infine, soprattutto, non le piace l'idea di passare l'estate da sola sulla solita spiaggia della sua città, tra migliaia di bagnanti chiassosi[9].

Fatte le valigie due giorni dopo aver preso le ferie e salutato il marito, con grande tranquillità parte, mentre una voce dentro, anche se molto lontana e flebile[10], le chiede fino all'ultimo momento se sia diventata matta ad andarsi a cercare i guai in trasferta[11].

Adesso però è qui: prende il suo bagaglio e si avvia in direzione della Porta; la sua amica l'aspetta a casa, tanto sono solo due passi.

2

Ha deciso di non cercarlo: perché dovrebbe? L'ultima volta che si sono sentiti per telefono lui si è arrabbiato per la sua indecisione e non si è fatto più vivo[12].

Sono passati otto giorni, durante i quali lei ha deciso, si è preparata ed è partita: non ha intenzione di rendergli conto[13] di tutti i suoi spostamenti e non hanno mai avuto scadenze o appuntamenti fissi nel telefonarsi e scriversi; oltretutto, Margherita è contenta all'idea che lui chiami in ufficio e un collega gli dica con voce indifferente:

– Margherita è in ferie, torna alla fine del mese –: sa bene che questo lo riempirà di preoccupazione.

Certo non ha intenzione di sparire nel nulla: troverà il modo di farsi incontrare, adesso che sa anche dove lui abita e dove lavora. Non le ci vorrà molto impegno, vuole soltanto decidere quando.

Nel frattempo si sta rilassando e sta entrando nell'atmosfera della vacanza: dorme la mattina fino a tardi, passa i pomeriggi a leggere, a

---

[8] distacco obiettivo.
[9] turisti rumorosi.
[10] debole, che non si sente.
[11] fuori casa.
[12] non ha dato notizie di sé (colloquiale).
[13] giustificarsi di quello che fa.

chiacchierare con la sua amica raccontandosi le novità, a coccolare[14] il gatto di casa.

Quanto a uscire, esce poco: solo per fare la spesa vicinissimo a casa. Del resto è a Siena soltanto da tre giorni, avrà tempo di recuperare.

3

Lui rimane di sasso[15], fermo per diversi secondi vicino al portone dell'ufficio, dove stava accendendo una sigaretta; poi le va incontro, ma con un'espressione dura[16], che lei non riconosce, e le chiede:

– Da quanti giorni sei arrivata? –.

«Non era questo che mi aspettavo», pensa Margherita. «Avevo immaginato un'espressione meravigliata e felice, di chi esplode di gioia».

– Non mi rispondi? – continua lui, visto che lei resta zitta.

«Non è contento di vedermi».

– Margherita, sto parlando con te... mi senti? –

«Che sono venuta a fare?»: continua a pensare e non parla, sta per girarsi e andar via, ma si sente ancora più stupida, così è costretta a rispondere, ostentando[17] un tono indifferente:

– Sono arrivata lunedì, ho pensato di venirti a salutare. Veramente ero uscita con una mia amica, ma lei doveva passare a casa della madre, e io non avevo voglia... –

Lui la interrompe ancora più arrabbiato:

– Sei qui da cinque giorni e mi cerchi adesso perché non hai niente di meglio da fare? –

– No, non è proprio così, ti avrei cercato comunque, domani o dopodomani... –

– Oh, grazie – risponde lui ironico[18], ma alzando il tono di voce, tanto che i passanti si voltano – potevi telefonare, senza disturbarti a venire di persona... –

---

[14] vezzeggiare, accarezzare.
[15] immobile per lo stupore.
[16] severa.
[17] mostrando.
[18] con l'espressione di chi prende in giro.

- Accidenti, ma è questa la tua accoglienza? - sbotta[19] Margherita che quando è messa alle strette[20] diventa aggressiva - Se lo sapevo andavo[21] con la mia amica a trovare la madre! -
- Ti aspettavi che fossi più gentile? Sono giorni che mi chiedo che fine hai fatto, ho telefonato in ufficio e mi hanno solo detto che eri in ferie, sto diventando matto a chiedermi se ti è successo qualcosa; non sapevo come rintracciarti, a chi chiedere notizie... lo sapevi quanto speravo che venissi, potevi almeno avvertirmi del tuo arrivo e invece no! ... ora vieni anche a dirmi che sei qui da quasi una settimana... io pensavo che tu tornassi a Siena per rivedermi, invece sono il solito imbecille che fa un sacco di castelli in aria[22]... evidentemente non ho capito niente, tutto quello che pensavo di te erano solo illusioni... adesso scusami, devo tornare a casa, c'è la partita[23] in televisione... se continuo a stare qui mi perdo l'inizio... arrivederci... e buona vacanza! -.

L'uomo dice questo parlando velocissimo, a voce sempre più alta, senza dare il tempo a Margherita di intervenire.

Lei è rimasta annichilita[24] dalla sua rabbia, mentre le vengono spontanee alla mente una serie di osservazioni confuse per ordine e sentimenti:

«Ma come si permette di arrabbiarsi, che dovere avevo di avvertirlo?»; poi: «Bene, l'ho fatto stare sulla corda[25] per un po', in fondo era questo che volevo»; ancora: «Non mi aveva mai detto di amare il calcio: non sembra il tipo»; infine: «E adesso cosa faccio per farlo calmare?».

Continuando a pensare cosa fare, non può fare più niente perché lui, incredibile a dirsi, sta già andando via in fretta senza voltarsi, nella direzione di casa.

Dopo essere rimasta qualche secondo ancora ferma lì, in piedi, tra i passanti che la scansano[26], Margherita si rende conto che comunque

---

[19] risponde all'improvviso.
[20] si sente in imbarazzo.
[21] l'imperfetto indicativo è la forma colloquiale che sostituisce il periodo ipotetico con congiuntivo e condizionale.
[22] molti progetti irrealizzabili.
[23] la partita di calcio, lo sport più amato e seguito in Italia.
[24] avvilita e umiliata.
[25] stare in ansia.
[26] la evitano.

è meglio tornare a casa o raggiungere con una scusa l'amica dalla madre, che aveva preparato il panforte[27] fatto in casa.

4

Non è difficile risolvere il problema che ha Margherita in questo momento: trovare il modo di fare la pace con quell'uomo che per la prima volta ha visto così arrabbiato.

Non è difficile perché dopo circa trentasei ore, di domenica mattina, mentre si affaccia alla finestra per stendere al sole della biancheria che ha lavato, lo vede che va su e giù per via del Comune, con un mazzo di fiori in mano, guardandosi attorno e leggendo i nomi sui portoni.

Lei istintivamente si ritira e chiude la finestra, così resta a guardarlo da dietro i vetri, ma quasi subito lo perde di vista.

Allora spalanca la finestra e si appoggia al davanzale[28], con l'espressione di chi vuole prendere un po' d'aria; dalla faccia che fa incontrando lo sguardo di lui, sembra davvero che non lo abbia visto prima.

Nessuno dei due apre bocca per un po': lui, come al solito, è così imbarazzato[29] da ridiventare stupido all'istante; lei non riesce a trovare nessuna frase che non sia banale[30] come la situazione in cui si trovano.

Così supera il momento tirandosi dentro la stanza, andando verso la porta d'ingresso, facendo scattare l'apertura automatica del portone.

5

Quando lui apre la porta socchiusa, Margherita è seduta sulla panca[31] nell'ingresso e, una volta tanto, non sa cosa dire.

- Con tutte le mie scuse - dice l'uomo, porgendole i fiori che ha

---

[27] dolce tipico di Siena, fatto con mandorle e canditi.
[28] parapetto della finestra.
[29] impacciato, confuso.
[30] piatta, senza significato.
[31] sedile di legno formato da un asse orizzontale su quattro piedi.

comprato; poi, dato che lei resta ferma, li poggia imbarazzatissimo su un tavolino.

Lei continua a stare zitta, perché davvero non riesce a trovare parole adatte al momento, si sente confusa, non riesce a capire cosa prova a rivederlo, invece lui crede che lei taccia[32] perché è offesa e continua a giustificarsi:

– Mi dispiace, mi sono comportato davvero da mascalzone[33], non so perché ho avuto quel comportamento nel vederti, ma ero molto nervoso, era una settimana che ti immaginavo in vacanza da qualche parte con tuo marito... mi sentivo pieno di rabbia perché pensavo che non ti eri neanche preoccupata di avvertirmi che non saresti venuta... era una settimana che dicevo a me stesso che ti ero così indifferente, che non ti importa di me al punto da non farmi nemmeno una telefonata per levarmi l'illusione che saresti tornata! Allora quando ti ho visto sono sbottato in quel modo... Mi dispiace, non mi ero mai comportato così... figuriamoci con una donna... con te, poi! Non credevo davvero di poterlo mai fare. Comunque se vuoi che vada via, se non vuoi più sentirmi hai tutte le ragioni per farlo, ti capisco! –

Finito di parlare sta per andarsene, ma non è convinto. La guarda, si gira verso la porta rimasta aperta, poi ci ripensa, anche perché Margherita si alza dalla panca, prende in mano i fiori e sorridendo va in cucina a cercare un vaso in cui metterli.

Intanto continua a sorridere tra sé; lui seguendola capisce che può restare.

6

Dopo soltanto tre quarti d'ora sono seduti a tavola, in cucina, davanti a due piatti di pici col ragù[34].

È andata così: Margherita ha continuato ancora per un po' a sorridere senza dire niente e lui l'ha seguita in cucina. Lei ha cercato il vaso

---

[32] stia zitta.
[33] persona volgare e senza scrupoli.
[34] pasta tipica di Siena, fatta a mano e simile agli spaghetti, condita con il sugo di carne.

per i fiori, ma era in alto, sopra il pensile[35], così lui, senza parlare, ha capito cosa doveva fare, è salito sulla sedia e le ha preso il vaso; ma è un uomo così caro e gentile, che prima di consegnarglielo ha preso uno strofinaccio[36] e lo ha spolverato, dandoglielo solo dopo averlo ben pulito.

Lei a questo gesto ha sorriso ancora di più, poi sempre senza parlare ha guardato l'orologio appeso al muro e si è accorta che è mezzogiorno, allora è andata verso il frigorifero, lo ha aperto per vedere cosa c'è da mangiare e sempre sorridendo gli ha detto:

– Mi dispiace, posso farti solo pici col ragù: non c'è niente per secondo[37] – e senza aspettare la risposta ha cominciato a cucinare.

Lui è rimasto così meravigliato e incantato[38] dalla disinvoltura[39] di lei che è riuscito soltanto a sedersi e a starla a guardare, ricominciando a notare cose che non ricordava più: la velocità dei suoi movimenti, il suo passo deciso, quel modo di vestire che gli era piaciuto anche l'anno prima, tanto da ripensare per tutto l'inverno all'eleganza dei suoi abiti, ricordando quelli che lei indossava quasi tutte le volte che erano usciti insieme.

Margherita intanto si è accorta di essere guardata con tanta attenzione e la contentezza che già la faceva sorridere le si è moltiplicata dentro: la vacanza è cominciata!

7

– Non pensi che la tua amica possa dispiacersi che inviti a pranzo a casa sua un uomo che lei non conosce? –

– No, perché? – risponde Margherita un po' stupita.

– A me darebbe fastidio se un ospite usasse la mia casa con questa disinvoltura – le risponde l'uomo.

– A me invece non dà nessun fastidio se qualcuno sta così bene a

---

[35] mobile appeso al muro.
[36] cencio, straccio di stoffa per le pulizie.
[37] la seconda portata del pranzo o della cena.
[38] affascinato, ammirato.
[39] atteggiamento sicuro e naturale.

casa mia da usarla come la propria. A casa mia gli amici entrano ed escono e non è detto che io ci sia, quando succede!-

– E tuo marito è d'accordo? –

– Sì, certo, perché? È una cosa tanto strana? – dice Margherita, che ha smesso di mangiare e lo osserva meravigliata. Poi continua:

– C'è anche da dire che io e questa ragazza ci conosciamo da quando eravamo bambine, quindi c'è una grandissima confidenza... Comunque, tu non sarai mica uno di quei tipi che considerano la casa come un territorio sacro e inviolabile[40]? –

– Lo dici come se fosse qualcosa di negativo... – risponde lui con aria delusa, davanti all'aria indispettita[41] di Margherita – Per me la privacy è importantissima... sia per quanto riguarda i sentimenti che gli oggetti personali, forse perché sono stato abituato in questo modo dalla mia famiglia – e subito ricomincia a mangiare, mentre l'espressione del suo viso è diventata un po' triste.

A questo punto Margherita cambia discorso, cominciando a progettare le gite dei prossimi giorni.

C'è qualcosa però che continua a ronzarle nella testa[42], qualcosa di diverso rispetto ai sogni romantici che la facevano sorridere mentre cucinava davanti a quell'uomo così attento, qualche conto che continua a non quadrare[43] anche dopo che lui è andato via e lei resta ad accarezzare il gatto: non riesce a metterlo a fuoco[44] con chiarezza, ma le fa venire voglia di tornare a casa.

8

– Questo posto è splendido! Ma perché non mi ci hai portato l'anno scorso? – grida Margherita, al centro della piazza di San Gimignano[45], respirando forte e guardandosi attorno.

---

[40] un luogo in cui non si può entrare.

[41] irritata, infastidita.

[42] le torna con insistenza in mente.

[43] qualcosa non corrisponde a ciò che si aspetta.

[44] capire esattamente.

[45] centro a poca distanza da Siena, che ha mantenuto l'architettura e l'urbanistica del Trecento, famoso per le sue torri e il vino, la Vernaccia.

L'uomo ride per quel grido entusiasta[46] e un po' ridicolo, e ride anche perché è così felice che griderebbe più di lei, se potesse.

- L'anno scorso abbiamo avuto pochissimo tempo per girare, non ricordi? -

Appoggiata alla Cisterna[47], lei continua a guardarsi attorno passandosi le mani tra i capelli, mentre lui scatta fotografie a tutto andare.

- Fotografa, riprendi tutto: io la macchina non l'ho portata, quest'anno, ma ho assolutamente bisogno di riportarmi a casa le immagini di questo posto... Anzi, potrei comprare alcune di quelle macchinette usa e getta[48], che ne dici? -

- Che bisogno c'è? Con quelle le foto non vengono tanto bene, invece la mia macchina è ottima! Non ti preoccupare: ti faccio un intero servizio fotografico per ogni posto che visiteremo, così non dovrai neanche stancarti a fotografare -.

Margherita contenta scende i gradini della Cisterna e si avvia verso il Duomo, mentre l'uomo continua a scattare.

Mentre sale la scalinata della Collegiata[49] aprendo una guida illustrata per turisti, lui comincia a raccontarle la storia della chiesa, dimostrandole di essersi attentamente preparato:

- Fu consacrata nel 1148 da papa Eugenio III, poi fu dedicata a Santa Maria Assunta nel 1575, dopo i lavori di ampliamento. Fin dall'antichità assunse il ruolo di pieve... -

- Cioè? - lo interrompe Margherita.

- Cioè aveva il diritto di raccogliere le decime, ossia la decima parte del raccolto che si doveva alla Chiesa come tassa, aveva autorità sulle altre chiese della zona, poteva eleggere il Preposto[50]... insomma, era paragonabile ad una parrocchia di oggi.

Ci sono sempre stati, qui in città, moltissimi religiosi, che avevano il dormitorio dove oggi c'è il Museo di Arte Sacra. -

- A che stile architettonico appartiene? - chiede lei, che non si intende molto di arte.

---

[46] pieno di soddisfazione e allegria.
[47] il pozzo che è al centro della Piazza, del 1327.
[48] locuzione per qualsiasi oggetto che si butti via dopo l'uso.
[49] chiesa che aveva un collegio di sacerdoti.
[50] sacerdote che dirige una chiesa.

- In realtà è un incrocio di stili diversi: romanico, gotico, neoclassico; i lavori della chiesa sono durati nel tempo, ci sono state aggiunte e modifiche. Ma la parte più interessante è l'interno, vieni! - e dicendo questo, l'uomo per la prima volta le prende la mano, tirandola leggermente verso di sé; motivo per cui, per un attimo, si confonde al punto di dimenticare quello che ha studiato con tanto impegno la sera prima a proposito degli affreschi[51].

Margherita all'ingresso della chiesa è sempre più incantata; stranamente, la cosa che la colpisce di più, di quei dipinti così belli, sono quelli sulle arcate[52] di destra, dove sono dipinte scene terribili e crudeli di demoni e supplizi[53].

- Chi li ha fatti? - chiede affascinata.

- Sono di Taddeo di Bartolo[54]; sono stati dipinti alla fine del Trecento e avevano lo scopo di dare al popolo l'immagine di quello che li attendeva nell'aldilà, se avessero vissuto una vita da peccatori[55] -.

Lucifero[56] afferra alcuni uomini con gli artigli[57] e i denti, altri diavoli li fustigano[58], c'è del sangue che scorre da ognuno di quei corpi: Margherita guarda tutto con gli occhi spalancati, mentre la luce a tratti si spegne; fa finta di essere una donna del Trecento, dimentica i vestiti che indossa e la macchina fotografica di lui che continua a scattare col flash, e comincia a sentire dei brividi in tutto il corpo.

- Ma perché ti piacciono tanto proprio questi? Guarda, ci sono anche Madonne, Santi, l'Annunciazione, il Paradiso terrestre... - e le indica gli affreschi sulle pareti delle altre navate[59].

- Quelle cose le ho viste in tutte le chiese che ho visitato... vuoi fare un paragone con questi dipinti? Danno veramente l'idea del Medioevo... -

---

[51] dipinti sul muro.
[52] la serie di archi.
[53] diavoli e sofferenze.
[54] pittore della fine del XIV secolo-primi del XV.
[55] l'iconografia medievale sottolineava gli aspetti più crudi e fisici della religione, con l'intenzione di educare i fedeli che, solitamente analfabeti, non potevano leggere le Sacre Scritture.
[56] il diavolo.
[57] unghie lunghe e robuste.
[58] li battono con bastoni e fruste.
[59] le parti di una chiesa delimitate dai muri e dalle colonne.

- Margherita, ma non sarai mica un'amante dell'horror? Non mi sembra molto femminile avere gusti così macabri[60]... -

Margherita tace di colpo: non sa perché, ma si sente molto suscettibile[61] alle critiche e ai rimproveri. Non riesce, però, a fare a meno di dirgli con aria ironica:

- Hai un'idea molto irreale delle donne: si vede che ne conosci poche! - e si volta, avviandosi verso l'uscita.

9

Nella sua stanza, seduta sul letto, Margherita ha steso intorno a sé tutte le foto delle gite dei giorni scorsi.

Fuori c'è il tramonto estivo, si sentono i rumori dalle case vicine; se si alza in ginocchio sul letto può vedere dalla finestra la signora della casa di fronte che apparecchia la tavola e può capire quale programma sta guardando in televisione.

Il caldo soffocante sta diminuendo, ma a Margherita quel senso di claustrofobia[62] non passa: la strada è stretta, l'orizzonte troppo corto, i vicini di casa se li sente addosso.

«Se almeno fosse inverno - pensa - chiuderei la finestra e le tende e non mi accorgerei di nulla. Mi sembrerebbe normale stare chiusa nella stanza, anzi mi piacerebbe»; invece sogna il mare, lo sguardo che può andare lontano, nessun ostacolo davanti.

Ci sono andati al mare, a Castiglione della Pescaia[63]; lei è stata felice, ma anche le foto di quel giorno, sparse davanti a lei insieme alle altre, raffigurano solo e soltanto lei stessa: lei nel costume verde acido, lei nel costume nero, lei che entra in acqua e così via; come quelle a San Gimignano: lei nel Duomo che guarda in alto, lei per strada, ancora un primo piano di lei appoggiata alla Cisterna, che però non è inquadrata.

L'uomo ha fatto la stessa cosa anche a Pienza[64]: ovunque, per dimo-

---

[60] apprezzare le cose che riguardano la morte.
[61] troppo sensibile, permalosa.
[62] paura degli spazi chiusi.
[63] località marittima in provincia di Grosseto, molto frequentata dai turisti.
[64] località del Senese, nata per volontà di papa Pio II Piccolomini che volle farne la città rinascimentale per eccellenza.

strarle quanto la ama, per dimostrarle che ovunque ha guardato soltanto lei. Decine e decine di foto, che lei aveva sperato le permettessero di riportare a casa quei giorni e quei posti, che invece raffigurano solo Margherita, i suoi vestiti, le espressioni del suo viso, le posizioni del suo corpo.

È talmente triste, Margherita, seduta sul letto, che comincia a piangere, non sa bene perché.

Certo non può essere per le fotografie: ha trent'anni, riesce a rendersi conto che si può rimediare comprando delle guide turistiche o delle cartoline; riesce anche a pensare che un'altra donna, forse, sarebbe contenta di tanta ammirazione.

Eppure le scendono le lacrime: per la claustrofobia, perché si sente sola, perché si accorge di volere sempre più fortemente tornare a casa.

Suona il telefono ed è lui:

– Perché hai questa voce triste? – chiede, lui che invece ha la voce allegra e soddisfatta di uno che si aspetta di aver fatto un capolavoro[65] che tutti ammireranno – ti è piaciuta la sorpresa? –

– Sorpresa? – risponde lei con tono vago, perché non sa cosa dire.

– Non mi dire che non hai ancora guardato le foto! –

– Ah sì, scusa ma è che ho mal di testa... sono belle, grazie! – e dopo averlo salutato in fretta attacca la cornetta del telefono e torna nella sua stanza, a piangere sulla sua delusione.

10

Margherita ha sempre avuto questi momenti di grandissima tristezza, ma non sono mai durati tanto. Appena passano, un attimo dopo, decide di mettersi in movimento, di solito nella maniera più veloce che conosce. E più è stata triste, più si muove in fretta e con movimenti ampi.

Così durante quella notte decide di smettere di piangere e di ripartire.

La mattina dopo si alza presto per fare colazione con la sua amica che esce alle otto per andare al lavoro.

---

[65] un'opera bellissima.

28

Davanti ad un succo di frutta le dice che ha deciso di partire, ma non le spiega i motivi: del resto, lei sapeva ben poco di questa strana storia, se non quello che aveva avuto la possibilità di vedere.

Margherita ha deciso di partire subito, con la stessa corriera dell'anno precedente, quella delle undici del mattino che parte da San Domenico[66].

Appena il tempo di fare le valigie e incamminarsi su per la salita di via Vallerozzi, fermandosi ogni tanto per riprendere fiato.

«Fortunatamente la mia città è in pianura» pensa sbuffando[67], accaldata per il peso.

A lui scrive un biglietto: esce alle due del pomeriggio dall'ufficio, lei non vuole aspettare e certe cose per telefono non si possono dire.

Così gli lascia una busta nella cassetta delle lettere passando davanti al suo portone; mentre lo fa, immaginando il suo dolore, si sente cattiva; questa sensazione la accompagna facendola sentire a disagio fino a quando la corriera si lascia alle spalle la città.

A un certo punto del viaggio, però, Margherita scaccia via questo pensiero ricordandosi che due più due fa quattro[68], per quanto possa sembrare crudele: della Toscana ha visto tutto quello che voleva vedere e la risposta che cercava a quella storia dall'anno prima adesso la ha avuta.

---

[66] una delle più famose chiese di Siena.
[67] soffiando e affannando.
[68] le cose sono chiare ed evidenti.

ATTIVITÀ

1

Margherita è:	vero	falso
a. una suora	❏	❏
b. giovane	❏	❏
c. vestita di giallo	❏	❏
d. grassa	❏	❏
e. in vacanza col marito	❏	❏
f. abbronzata	❏	❏
g. timida	❏	❏
h. fidanzata	❏	❏
i. a Siena per lavoro	❏	❏
j. la sorella del protagonista	❏	❏

2

L'uomo è:	vero	falso
a. inglese	❏	❏
b. un seduttore	❏	❏
c. sposato con 4 figli	❏	❏
d. timido	❏	❏
e. ospite di amici	❏	❏
f. innamorato di Margherita	❏	❏
g. sognatore	❏	❏
h. disposto a cambiare città	❏	❏
i. un ricco industriale	❏	❏
j. incapace di usare la macchina fotografica	❏	❏

3

1. Quali località Margherita e l'uomo visitano il primo anno?
a. Chianti, Montalcino, San Galgano
b. Arezzo, Pienza, San Galgano
c. Chianti, Firenze, Le Crete

2. Quali località visitano il secondo anno?
a. San Gimignano, Pienza, San Galgano
b. San Gimignano, Pienza, Castiglione della Pescaia
c. Chianti, Assisi, Montalcino

4

Cerca sul testo ed elenca le vie e i luoghi di Siena citati nella prima parte del racconto.

5

1. Cosa vuol dire 'perdere di vista'?
a. diventare ciechi
b. non vedere più qualcuno o qualcosa
c. dimenticare una persona

2. Cosa vuol dire 'essere sottosopra'?
a. stare a testa in giù
b. essere agitato, nervoso
c. sedersi per terra

3. Cosa vuol dire 'rompere il ghiaccio'?
a. superare l'imbarazzo
b. prendere a martellate il frigorifero
c. preparare un aperitivo

4. Cosa vuol dire 'dare una stoccata'?
a. colpire all'improvviso
b. restituire la spada a qualcuno
c. toccare all'improvviso

6

Vorrebbe lavorare, con tutte le sue forze, ma proprio _____ è possibile, perché è come se non _____ più concentrarsi: lo sguardo gli ritorna sullo _____ rigo, la mano destra prende la penna ma poi si _____ a fare disegnini, proprio non _____ riconosce più! E non _____ riconoscono neanche i colleghi, perché _____ tanto scoppia in strane risate euforiche, completamente _____ motivo: sembra che lo _____ moltissimo situazioni del _____ normali; altre volte entra in ufficio con la faccia scura e non parla _____ tutto il giorno.

7

Ricerca sul testo tutti i nomi di cibi e bevande e fai un elenco.

8

Cerca sul testo le località visitate dai due protagonisti e le relative notizie, poi elabora un breve testo pubblicitario rivolto a potenziali turisti.

9

Prova a riscrivere il dialogo che va da pag. 11 a pag. 13 cambiandone però la conclusione:
Margherita si convince a divorziare per trasferirsi a Siena e sposare l'uomo
Poi recitalo in classe con l'aiuto di un/a compagno/a.

10

Scrivi un breve testo che contenga la descrizione fisica del protagonista, un nome, l'età, come tu lo immagini.

CHIAVI

1

a. falso; **b.** vero; **c.** falso; **d.** falso; **e.** falso; **f.** vero; **g.** falso; **h.** falso; **i.** falso; **j.** falso.

2

a. falso; **b.** falso; **c.** falso; **d.** vero; **e.** falso; **f.** vero; **g.** vero; **h.** vero; **i.** falso; **j.** falso.

3

1 a; **2** b.

4

Via del Comune; Porta Ovile; San Francesco; Via dei Rossi; Piazza Salimbeni; Piazza della Posta; San Domenico; Via del Porrione; Il Campo; Via dei Banchi di Sotto.

5

1 b; **2** b; **3** a; **4** a.

6

non; sapesse; stesso; mette; si; lo; ogni; senza; divertano; tutto; per.

7

acqua minerale; gelato; Ricciarelli al cioccolato; miele; vino; panforte; pici col ragù; succo di frutta.

L'italiano per stranieri

Amato
Mondo italiano
testi autentici sulla realtà sociale
e culturale italiana
• libro dello studente
• quaderno degli esercizi

Ambroso e Stefancich
Parole
10 percorsi nel lessico italiano
esercizi guidati

Avitabile
Italian for the English-speaking

Barki e Diadori
Pro e contro 1
conversare e argomentare in italiano
livello intermedio
• libro dello studente
• guida per l'insegnante

Battaglia
Grammatica italiana per stranieri

Battaglia
Gramática italiana
para estudiantes de habla española

Battaglia
Leggiamo e conversiamo
letture italiane con esercizi
per la conversazione

Battaglia e Varsi
Parole e immagini
corso elementare di lingua italiana
per principianti

Bettoni e Vicentini
Passeggiate italiane
lezioni di italiano - livello avanzato

Bettoni e Vicentini
Imparare dal vivo **
lezioni di italiano - livello avanzato
• manuale per l'allievo
• chiavi per gli esercizi

Buttaroni
Letteratura al naturale
autori italiani contemporanei
con attività di analisi linguistica

Camalich e Temperini
Un mare di parole
letture ed esercizi di lessico italiano

Carresi, Chiarenza e Frollano
L'italiano all'opera
attività linguistiche
attraverso 15 arie famose

Cherubini
L'italiano per gli affari
corso comunicativo di lingua
e cultura aziendale
• manuale di lavoro
• 1 audiocassetta

Cini
Strategie di scrittura
quaderno di scrittura - livello intermedio

Diadori
Senza parole
100 gesti degli italiani

du Bessé
PerCORSO GUIDAto
guida di Roma con attività ed esercizi

Gruppo META
Uno
corso comunicativo di italiano - primo livello
• libro dello studente
• libro degli esercizi e sintesi di grammatica
• guida per l'insegnante
• 3 audiocassette

Gruppo META
Due
corso comunicativo di italiano - secondo livello
• libro dello studente
• libro degli esercizi e sintesi di grammatica
• guida per l'insegnante
• 4 audiocassette

Gruppo NAVILE
Dire, fare, capire
l'italiano come seconda lingua
• libro dello studente
• guida per l'insegnante
• 1 audiocassetta

Humphris, Luzi Catizone, Urbani ·
Comunicare meglio
corso di italiano
livello intermedio-avanzato
• manuale per l'allievo
• manuale per l'insegnante
• 4 audiocassette

Istruzioni per l'uso
dell'italiano in classe 1
88 suggerimenti didattici
per attività comunicative

Istruzioni per l'uso
dell'italiano in classe 2
111 suggerimenti didattici
per attività comunicative

Jones e Marmini
Comunicando s'impara
esperienze comunicative
• libro dello studente
• libro dell'insegnante

Maffei e Spagnesi
Ascoltami!
22 situazioni comunicative
• manuale di lavoro
• 2 audiocassette

Marmini e Vicentini
Passeggiate italiane
lezioni di italiano - livello intermedio

Marmini e Vicentini
Imparare dal vivo *
lezioni di italiano - livello intermedio
• manuale per l'allievo
• chiavi per gli esercizi

Marmini e Vicentini
Ascoltare dal vivo
manuale di ascolto - livello intermedio
• quaderno dello studente
• libro dell'insegnante
• 3 audiocassette

Paganini
issimo
quaderno di scrittura - livello avanzato

Pontesilli
Verbi italiani
modelli di coniugazione

Quaderno IT - n. 1
esame per la certificazione
dell'italiano come L2 - livello avanzato
prove del 1994 e del 1995
• volume+audiocassetta

Quaderno IT - n. 2
esame per la certificazione
dell'italiano come L2 - livello avanzato
prove del 1996 e del 1997
• volume+audiocassetta

Radicchi e Mezzedimi
Corso di lingua italiana
livello elementare
• manuale per l'allievo
• 1 audiocassetta

Radicchi
Corso di lingua italiana
livello intermedio

Radicchi
In Italia
modi di dire ed espressioni idiomatiche

Spagnesi
Dizionario dell'economia e della finanza

Stefancich
Cose d'Italia
tra lingua e cultura

Totaro e Zanardi
Quintetto italiano
approccio tematico multimediale
livello avanzato
• libro dello studente con esercizi
• libro per l'insegnante
• 2 audiocassette
• 1 videocassetta

Ulisse
Faccia a faccia
attività comunicative
livello elementare-intermedio

Urbani
Senta, scusi...
programma di comprensione auditiva
con spunti di produzione libera orale
• manuale di lavoro
• 1 audiocassetta

Urbani
Le forme del verbo italiano

Verri Menzel
La bottega dell'italiano
antologia di scrittori italiani del Novecento

Vicentini e Zanardi
Tanto per parlare
materiale per la conversazione
livello medio-avanzato
• libro dello studente
• libro dell'insegnante

Bonacci editore

Finito di stampare nel mese di settembre 1998 dalla TIBERGRAPH s.r.l. - Città di Castello (PG)

Classici italiani per stranieri
testi con parafrasi* a fronte e note

1. Leopardi • *Poesie*
2. Boccaccio • *Cinque novelle*
3. Machiavelli • *Il principe*
4. Foscolo • *Sepolcri e sonetti*
5. Pirandello • *Così è (se vi pare)*
6. D'Annunzio • *Poesie*
7. D'Annunzio • *Novelle*
8. Verga • *Novelle*

9. Pascoli • *Poesie*
10. Manzoni • *Inni, odi e cori*
11. Petrarca • *Poesie*
12. Dante • *Inferno*
13. Dante • *Purgatorio*
14. Dante • *Paradiso*
15. Goldoni • *La locandiera*

Libretti d'opera per stranieri
testi con parafrasi* a fronte e note

1. *La Traviata*
2. *Cavalleria rusticana*
3. *Rigoletto*
4. *La Bohème*
5. *Il barbiere di Siviglia*

6. *Tosca*
7. *Le nozze di Figaro*
8. *Don Giovanni*
9. *Così fan tutte*

Letture per stranieri

1. Marretta • *Pronto, commissario...? 1*
   16 racconti gialli con soluzione ed
   esercizi per la comprensione del testo

2. Marretta • *Pronto, commissario...? 2*
   16 racconti gialli con soluzione ed
   esercizi per la comprensione del testo

Mosaico italiano
racconti per stranieri

1. Santoni • *La straniera*
2. Nabboli • *Una spiaggia rischiosa*
3. Nencini • *Giallo a Cortina*
4. Nencini • *Il mistero del quadro di Porta Portese*

5. Santoni • *Primavera a Roma*
6. Castellazzo • *Premio letterario*
7. Andres • *Due estati a Siena*

Bonacci editore

Linguaggi settoriali

Dica 33
il linguaggio della medicina
• libro dello studente
• guida per l'insegnante
• 1 audiocassetta

Una lingua in pretura
il linguaggio del diritto
• libro dello studente
• guida per l'insegnante
• 1 audiocassetta

L'arte del costruire
• libro dello studente
• guida per l'insegnante

I libri dell'arco

1. Balboni • *Didattica dell'italiano a stranieri*

2. Diadori • *L'italiano televisivo*

3. Micheli • *Test d'ingresso di italiano per stranieri*

4. Benucci • *La grammatica nell'insegnamento dell'italiano a stranieri*

5. AA.VV. • *Curricolo d'italiano per stranieri*

6. Coveri, Benucci, Diadori •*Le varietà dell'italiano*

Università per Stranieri di Siena - Bonacci editore